Zhongguo Wenhua
Zhishi Duben

中国文化知识读本

主编 金开诚

编著 田凯鹏

隋唐—强盛的大一统王朝

吉林出版集团有限责任公司

吉林文史出版社

图书在版编目（CIP）数据

隋唐：强盛的大一统王朝/田凯鹏编著.—长春：
吉林出版集团有限责任公司：吉林文史出版社，
2009.12（2022.1重印）
（中国文化知识读本）
ISBN 978-7-5463-2002-1

Ⅰ.①隋… Ⅱ.①田… Ⅲ.①中国-古代史-隋唐时
代 Ⅳ.①K24

中国版本图书馆CIP数据核字（2009）第237376号

隋唐—强盛的大一统王朝

SUITANG QIANGSHENG DE DAYITONG WANGCHAO

主编/金开诚　编著/田凯鹏
责任编辑/曹恒　于涉　责任校对/王凤翎
装帧设计/曹恒　摄影/金诚　图片整理/董昕瑜
出版发行/吉林文史出版社　吉林出版集团有限责任公司
地址/长春市人民大街4646号　邮编/130021
电话/0431-85618717　传真/0431-85618721
印刷/三河市金兆印刷装订有限公司
版次/2009年12月第1版　2022年1月第3次印刷
开本/650mm×960mm　1/16
印张/8　字数/30千
书号/ISBN 978-7-5463-2002-1
定价/34.80元

关于《中国文化知识读本》

　　文化是一种社会现象，是人类物质文明和精神文明有机融合的产物；同时又是一种历史现象，是社会的历史沉积。当今世界，随着经济全球化进程的加快，人们也越来越重视本民族的文化。我们只有加强对本民族文化的继承和创新，才能更好地弘扬民族精神，增强民族凝聚力。历史经验告诉我们，任何一个民族要想屹立于世界民族之林，必须具有自尊、自信、自强的民族意识。文化是维系一个民族生存和发展的强大动力。一个民族的存在依赖文化，文化的解体就是一个民族的消亡。

　　随着我国综合国力的日益强大，广大民众对重塑民族自尊心和自豪感的愿望日益迫切。作为民族大家庭中的一员，将源远流长、博大精深的中国文化继承并传播给广大群众，特别是青年一代，是我们出版人义不容辞的责任。

　　《中国文化知识读本》是由吉林出版集团有限责任公司和吉林文史出版社组织国内知名专家学者编写的一套旨在传播中华五千年优秀传统文化，提高全民文化修养的大型知识读本。该书在深入挖掘和整理中华优秀传统文化成果的同时，结合社会发展，注入了时代精神。书中优美生动的文字、简明通俗的语言、图文并茂的形式，把中国文化中的物态文化、制度文化、行为文化、精神文化等知识要点全面展示给读者。点点滴滴的文化知识仿佛繁星，组成了灿烂辉煌的中国文化的天穹。

　　希望本书能为弘扬中华五千年优秀传统文化、增强各民族团结、构建社会主义和谐社会尽一份绵薄之力，也坚信我们的中华民族一定能够早日实现伟大复兴！

目录

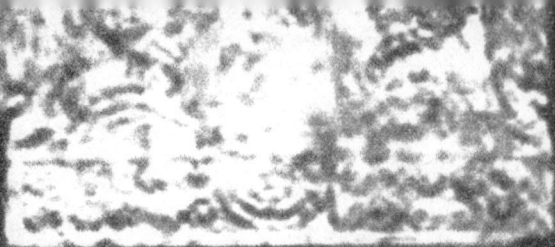

廣

文

正

一 隋文帝励精图治终铸
开皇之治

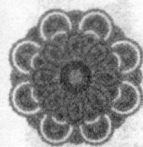

隋文帝杨坚像
宇文泰成陵

（一）杨坚代周称帝统一天下

杨坚的家族从远祖杨元寿那时候起，就开始带兵打仗、镇守边关了。到杨坚的父亲杨忠时开始发迹，军事、政治地位逐渐显赫起来。时值北魏大乱，边镇下级军官出身的鲜卑人宇文泰苦心经营，逐渐在关中一带形成一股强大势力。杨忠跟随宇文泰南征北战，立下了赫赫战功，作为宇文泰的得力干将，杨忠便成了开国重臣。北周时杨忠官至柱国大将军、大司空，封随国公，成为显赫的军事贵族。

公元 568 年，杨忠病死，杨坚继承了父亲的爵位。此时在位的宣帝是一个胸无大志、只知游戏享乐，并且十分残暴的皇帝。他继位不到一年，就传位给 7 岁的儿子宇文衍，即静帝，自己以天元皇帝的名义继续执掌政权。他不理朝政，大臣经常见不到他，有事只有通过宦官上奏。每召侍臣论议，只谈土木兴建，未尝言及政事。他对大臣的猜忌也日益加深，公卿大臣稍有对他不从之处，重则诛杀，轻则发配边疆，文武百官都非常害怕。由于周宣帝的皇后是杨坚的女儿，从而使杨坚在关陇贵族集团中的地位尤为突出，大臣们对杨坚的为人和才干也非常赞赏。公元 580 年，周宣帝突然病死，

隋代越窑青瓷樽

隋文帝励精图治终铸开皇之治

杨坚以都督内外诸军事名义执掌兵权，不久又官至宰相，当时继位的周静帝年仅8岁，由母后即杨坚的女儿辅政。北周朝廷内外的军政大权实际上都被杨坚掌握，这为他篡周立国打下了坚实基础。

杨坚并不是目空一切、眼高手低的人，他对夺取帝位是经过充分考虑、有十足信心的。自东晋灭亡后，中原大地一直为少数民族所统治，以正统自居的汉族贵族把受少数民族政权统治视为莫大的耻辱，他们一直不甘心，一代接一代地寻找机会、创造条件，无时无刻不想恢复汉族对中原、对整个中国的统治。因此，杨坚坚信，占人口绝大多数的汉族人，特别是汉族贵族

隋唐高祖文皇帝杨坚像

隋唐——强盛的大一统王朝

隋文帝泰陵雕像

是他坚实的支持者。出于这样的原因，在与汉族大臣的交往中，杨坚的言谈举止并不刻意掩饰自己的宏图大志。为收买人心，杨坚充分利用手中权力、大刀阔斧地改革清除种种弊政，并大量招揽人才，同时以身作则，倡导节俭。对于北周宗室，杨坚非常警惕。进宫辅政不久，他就找借口，相继将宁文氏诸王巧妙地召回首都长安，牢牢地控制在自己的势力范围内。最终于公元581年二月，早已成为傀儡的周静帝在杨坚的逼迫下，下诏将皇位禅让给杨坚。杨坚继位后，把国号定为"隋"，改元开皇。他就是隋朝的第一个皇帝隋文帝。

陈叔宝像

杨坚建隋时，南方有建都于建康的陈朝和居于江陵一隅的西梁，北方就是虎视眈眈的突厥。公元582年，突厥沙钵略可汗在其妻北周千金公主煽动下，以四十万骑兵大举南下攻隋，自幽州到临洮的隋军全线崩溃。隋文帝严治关塞，用重兵反击和反间计等办法应付。不久，突厥内部生乱，又遇到天灾饥疫，只得遣使求和，北周千金公主自请改姓，乞为隋文帝之女。公元 584 年，隋文帝赐公主为杨氏，改封大义公主，沙钵略拜受诏书，并称臣纳贡，永远不与隋朝为敌。北方形势的改观，使隋朝君臣的注意力再次转向了南方。

占有江陵沿江的西梁，原是西魏、北周的傀儡政权，隋文帝为避免树敌，建国之初对其进行过安抚。不久梁主萧岿入朝，隋文帝给予破格礼遇，并选定萧岿之女为晋王杨广之妃，还撤销了监视西梁的江陵总管，萧岿死后其子萧琮继位，隋文帝征萧琮君臣二百余人入朝，留京不遣返，却派大军戍守荆州，摆出灭梁的阵势。隋军还没有发动攻击的时候，萧琮的叔父萧岩等带十万人逃往陈国，西梁就此灭亡了。

陈国此时在位的国君后主陈叔宝是个荒于酒色、不恤政事的昏君，隋文帝采用疲兵之计，几年下来，陈朝的将士被折腾得疲惫不堪，又因农时连连耽搁，国力迅速减弱。公元 587 年，隋文帝认为时机已经成熟，准备与陈朝决战。他在武昌以东的长江下游一带部署重兵，并且打造战船，随时准备渡江。在渡江决战的前夕，隋文帝又下诏宣布了陈后主的二十条罪状，并抄写了三十多万份，

隋炀帝杨广像

隋文帝励精图治终铸开皇之治

隋代古刹

在江南广为散发，以争取江南民心。公元588年，隋文帝任命晋王杨广、秦王杨俊为元帅，率八路大军五十多万人，在横亘数千里的长江沿线上，向陈军发起攻势，晋王杨广又以统帅身份向陈国执政的尚书令江总发出檄文，讲述了治乱纷争终归一统的历史大势，并且表示出隋朝对统一的决心。

隋文帝的诏书和晋王的檄文，陈国君臣全然不予理会。陈后主依然自欺欺人，对宠臣们说："从前北齐来攻过三次，北周也进犯过两次，均大败而去。这次隋兵来攻，还不是死路一条。"宠臣们也附和道："长江天堑，自古分隔南北，今日隋兵岂能飞渡不成？"君臣仍

长江三峡风光

然饮酒作乐、赋诗赠答如故。

　　隋军的攻击首先由杨素在永安发动，他率水军出三峡东下，大张旗鼓吸引陈军主力。杨俊坐镇汉口，切断上下游陈军的联系。下游主攻陈国国都的战事，于开皇九年正月初揭幕，

建康都城图

乘陈入朝会，在大雾掩护下，北军发动偷袭，贺若弼率军由广陵渡江攻占京口，韩擒虎率军自横江渡江袭取采石，而后向建康合围、坐镇江北桃叶山的杨广派宇文述率二万兵渡江夺取石头山，并遣杜彦与韩搞虎合军屯兵建康城西南白鹭州附近的新林。这时贺若弼已进据建康城东门外的钟山，形成对陈国国都的夹击之势。陈后主拒不接纳将领们在攻守上争取主动的意见，迟疑多日，忽然决定倾建康十余万士兵出击，在城东排出南北二十里的长蛇阵与隋军决战。谁知旋即便被贺若弼看出破绽，果断提前

迎战，从薄弱环节孔范部突破，陈军支离破碎，土崩瓦解，四处溃散。陈后主与张贵妃、孔贵嫔避入景阳冈中，被先突入宫中的韩擒虎部擒获。最终陈后主只得投降，隋文帝终于完成了自己的伟业，自西晋末年以来的南北分裂局面又归于统一了。

（二）开皇之治

　　隋文帝亲眼看到北周残暴的统治不得人心，唯恐重蹈覆辙，所以，他认为只有谨慎地处理政事、提倡节俭、实行廉政，才能安抚民心。隋文帝自己就是以节俭来严格要求自己的，平时，隋文帝就非常留意民间疾苦，自感江山打得太容易，怕人心不服，于是常存警戒之心。他认为最重

隋文帝励精图治终铸开皇之治

隋朝官服

要的保国法就是节俭。有一年，关中发生饥荒，隋文帝即派左右丞去了解关中百姓的生活，当他看到百姓们吃的是豆屑与糠做成的团子时，难过得流下了眼泪。他一面将此团子传给朝中各大臣观看，一面宣布当日起一年内不喝酒不吃肉。他很注意皇亲国戚的行动，他们要是犯了法，也一律严惩。他的三儿子秦王杨俊觉得自己是皇子，又在灭陈的时候立下了战功，生活越来越奢侈，根本不把法律放在眼里。他指使手下的人放高利贷，敲诈勒索，使许多小官吏和老百姓倾家荡产。他模仿皇宫建造自己的宫殿，用外国进贡来的香料涂抹墙壁。

隋文帝知道了这些情况，非常生气，下令罢免了杨俊的官职，把他禁闭起来，直到病死。隋文帝对他人如此，对自己也同样。一次，隋文帝患痢疾，需要一些胡粉调药，找遍宫中却不可得。因胡粉属妇女保养皮肤的化妆品，被列为宫中禁品。由于隋文帝的身体力行，当时整个社会形成了节俭的好风尚，贵族官吏平常服装多为布帛，饰品只用钢铁骨角制成，没有人佩戴金玉饰物。

隋朝的统一天下，是中国历史上的一件大事，它结束了中国社会四百年来的分裂局面。开国之君隋文帝杨坚于称帝后实行了一系列的社会改革，诸如设置尚书、

隋代女服

隋文帝励精图治终铸开皇之治

李春塑像

门下、内史三省以加强中央集权；简化地方行政机构，在地方政权上实行州、郡、县三级制，以节省国家开支，便于政令的通达；建立科举选官制度，加强对地方官吏的考核和控制；在经济上颁布均田新令，采用租调力役等剥削制度，减免赋税，并且减轻徭役，使广大农民有时间来发展农业经济。颁布"输积法"以打击豪强势力，增加国家的财政收入，注重水利建设；将府兵制度推行于全国，镇压江南豪族叛乱，等等。这一切，使得隋朝的农业获得了空前的发展，耕地面积扩大，粮食产量增加，全国各地粮仓中储存的粮食数量多得不可胜数。在手工业方面，著名工匠李春所设计的赵州石桥，至今仍保存完好，堪称我国建筑史上的杰作。其他如纺织业、造船业，亦有很大的发展。这一时期，在中央王朝同边疆各民族的联系上，亦有了进一步的加强，中原与中亚地区已开辟了三条主要交通要道。总之，在隋朝统一后的短短时期内，社会经济、文化事业获得了空前的发展，呈现出国势强盛的局面。在隋文帝在位期间，他综合了前朝各项制度，有沿有革，形成隋制，建立了唐宋以至元明各朝所沿袭的规范。

二 隋炀帝的奢华与残暴

隋炀帝陵

（一）四处巡游与大兴土木

作为杨坚的次子，杨广能够登上太子位、进而当上皇帝，靠的是一系列阴谋。太子杨勇性情宽厚，行事直爽，无所拘束，无所掩饰。他不喜欢父皇和母后为他选定的元妃、为此公开顶撞过隋文帝和独孤皇后，也因为生活奢侈受到隋文帝的训斥。杨广看在眼里，记在心上，他为了得到隋文帝的欢心，就处处掩饰自己，处处投其所好。杨广并非不是浪荡子，他跟杨勇比起来有过之而无不及。但是，杨广非常善于伪装，凡是隋文帝反感的事，杨广在其面前都竭力掩饰。平时，见到朝臣，杨广都非常谦逊恭敬；有事出门，车马侍从也尽量从简。

一次，杨广事先了解到隋文帝和独孤皇后要上他的宅第，便作了周密的安排。除了父母为他安排的萧妃外，将其他的女人都藏匿起来；用来娱乐的乐器，或是五音不正，或是少弦缺弓，上面还积了不少灰尘；书房里却窗明几净……隋文帝见此情景，不禁大喜，立场开始向杨广倾斜。

制造了好感是第一步，接下来就要从哥哥手中夺取太子之位了。在以后的阴谋中，杨广除了得到独孤皇后的大力支持外，还得到了一员干将的倾心相助，他就是杨素。杨素与杨坚是同乡同宗。杨素早年也是北周的重臣，后追随杨坚，在镇压反隋势力和讨伐陈朝的战斗中立下了汗马功劳。有杨素这样一位朝廷重臣充当自己的马前卒，杨广高兴得不得了，两人很快结成了钢铁同盟。杨素一边利用一切机会向隋文帝说杨广如何如何贤能，一边高价收买太子近臣，诬告杨勇图谋不轨，而且还准备在父皇离京时发动政变，诛杀大臣。本来就疑神疑鬼的杨坚，到了晚年就更多心了。杨广、杨素、独孤皇后整日

独孤皇后像

隋炀帝的奢华与残暴

隋炀帝陵石碑

说杨勇如何如何不好，隋文帝也就信以为真了。

开皇二十年，隋文帝终于下决心废黜了杨勇，另立杨广为太子。当上太子后，杨广的本性渐渐暴露，肆意残害杨勇和其他兄弟，大力培植党羽，再也不加掩饰了。然而已患重病的隋文帝因为身边有独孤皇后对杨广的美言，朝中有杨素为虎作伥，一切不利于杨广的消息都到不了他耳中。

公元604年，隋文帝在避暑行宫仁寿宫病危。杨素认为时机已到，便写密信给杨广，要杨广及早做好应急准备，没想到送信者却阴差阳错地把这封信误送给了隋文帝。隋文帝阅信后大怒，终于明白了杨广等人的用心，叫人马上把杨勇找来，重立他为太子。杨广闻讯后，一不做二不休，干脆支开父皇身边的所有人，把他杀死在仁寿宫。然后，又伪造隋文帝遗诏，将杨勇及自己的另外十个弟弟全部杀死。杨广就踩着他父兄的鲜血，登上了皇帝的宝座——成为了隋炀帝。杨素也从左仆射升至尚书令，位居五宰相之首。杨广做了皇帝以后，充分显露出他荒淫冷酷的本性。每天大吃大喝，放浪声色，

古都洛阳

靠残暴地压榨老百姓来满足自己的贪欲。

隋炀帝上台后，立即向全国大批征发民工，大兴土木。首先，他觉得长安城太小，皇宫不够豪华气派，立即决定在洛阳营造新的都城，并准备把都城从长安迁到洛阳。

公元605年，他下令营建东都洛阳。宫城东西五里二百步，南北七里，是皇帝居住和议事的地方；宫城内殿堂林立，其中的一个乾阳殿，光是柱子就有二十四围粗。此时全国总人口还不到五千万，却至少有两千万人次的成年男子在洛阳工地上被役使了整整一个月。这意味着全国所有的壮丁都被征发一遍还不够，相当多的人要被征发第二次。洛阳的工程规模十分浩大，每月要征调二百多万个民夫，从江南送来奇材异石修饰皇宫。不仅如此，隋炀帝为了更好地行乐，下令在洛阳西郊修建了一处大花园，叫做西苑。

此苑占地二百多里，苑内建筑十分华丽壮观，而且还在苑内修建了人工海，海上有蓬莱、方丈、瀛洲三座神山，山上有许多亭台楼阁，甚至苑中的花草秋冬凋谢后，用彩绸剪成花叶加以装饰，池沼中也布满绫制的荷花。花园内宫殿无数，楼阁交错排列，工程量十分浩大。并且苑内还饲养着各种珍禽异兽，供皇帝观赏、打猎。

洛阳西苑一景

隋炀帝的奢华与残暴

夜里，隋炀帝经常带着几千宫女到西苑游玩，一边奏乐、一边喝酒赏月。

西苑工程刚刚结束，隋炀帝为乘船到江都游玩，下令征调上百万的民工挖掘大运河。大运河以洛阳为中心，北达涿郡，南到余杭，共分为四段，隋炀帝首先征发了河南、淮北百余万民工，挖掘了贯通黄河、淮河的通济渠。公元608年，再次动用河北民工百余万，修成了从板渚北直到涿郡的永济渠。公元610年，又挖通了从长江南岸的京口到钱塘江入海口的余杭的江南河。加上隋文帝时修建的西起大兴城，东至潼关的广通渠，四条人工河沟通了海河、黄河、淮河、长江、钱塘江五条大河，

千年通济渠与岸边的千年古树

成为南北交通的重要航线。后人把它称为大运河。大运河全长四五千里，从洛阳到江都共设置斋宫四十多座。大运河便利了南北交通，形成遍及全国的水运网，这条河是劳动人民的伟大创造，对隋朝以后的唐宋经济发展有很大影响。但它是用无数劳动人民的血汗建成的。人民为躲避徭役，往往自残肢体，称为"福手""福足"，足见人民被迫害到何种悲惨的地步。

公元 605 年八月隋炀帝开始了他首次江都之游，此次出游的场面之大，令人难以置信。隋炀帝带领大批随从、嫔妃、王公大臣、僧尼道士，乘坐几千艘华丽的龙

大运河

隋炀帝的奢华与残暴

舟到江都游玩。隋炀帝所乘的龙舟长二百尺，宽五十尺，高四十尺，共分四层。上层有正殿、内殿和东西两堂；中间两层分成一百二十个房间，全用金玉装饰，供隋炀帝生活起居用；下层是为他贴身服务的内侍的住所。另外，还有数千艘大船，供随行的诸王、公主、百官、僧尼、道士乘坐。为这支庞大的船队服务的民工和士兵多达一二十万，其中纤夫就有八万多人。

隋炀帝在船上纵情饮酒作乐，两岸还有骑兵护送，热闹非凡。一路上，隋炀帝为了使自己和他的后宫佳丽、跟随的显贵能品尝到各地不同的山珍海味、菜肴名点，

隋唐大运河图

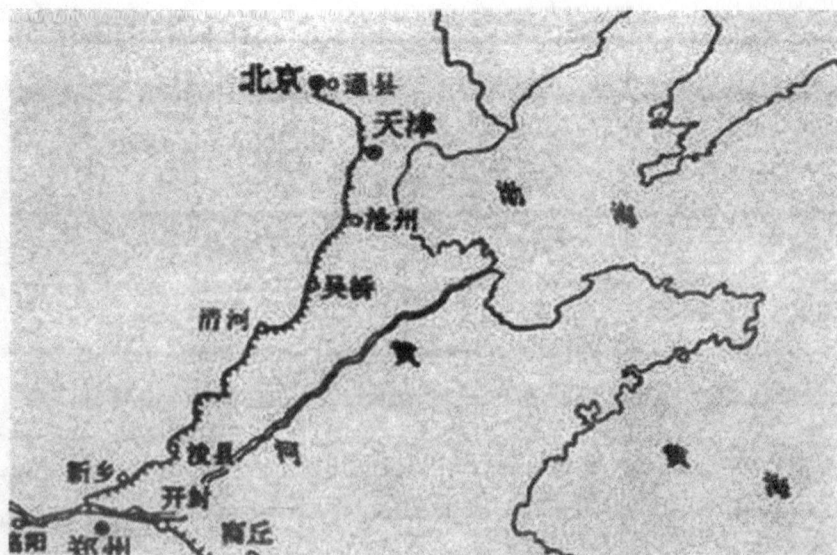

隋唐——强盛的大一统王朝

下令运河两岸五百里以内的州县均要献食。许多州县官为了让隋炀帝满意，绞尽脑汁，恨不得把自己辖地上的所有特产连同子民百姓统统搬上餐桌。库存的钱粮不够，就强迫农民预交几年的租税。这一来，不知使多少民户倾家荡产。

第二次出游江都前，这些豪华游船均被起义的民众烧毁，隋炀帝竟然下令造出更豪华、更庞大的船，于公元610年继续他的挥霍之行。他每巡游一次，许多官吏都拼命搜刮百姓，向皇帝献厚礼，沿途老百姓则又一次遭殃。公元616年，农民起

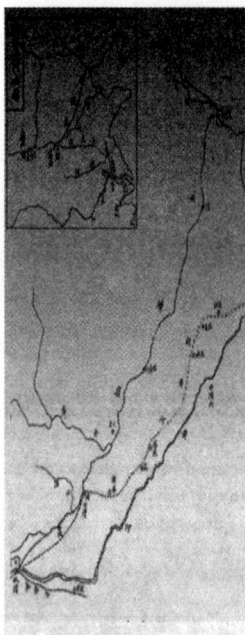
永济渠图示

义已遍布全国，许多朝廷大臣和地方豪强也纷纷拥兵自立，隋朝的统治已经摇摇欲坠，然而隋炀帝不顾大臣们的劝告，坚持再次巡游江都，最后把自己的头颅留在了江都。

（二）远征高丽

导致隋朝迅速崩溃的直接原因，是隋炀帝对高丽发动的三次征讨战争。因为在这次战争中，全国的老百姓所遭受的痛苦和灾难，比其之前大兴土木、游玩炫耀所带来的后果要严重得多。隋炀帝上台后，在对待高丽的态度上，俨然一副子承父业的派头，虎视眈眈，一直在寻找机会，准备向高丽进攻。开皇十八年，高丽王高元兵犯辽西，隋文帝派汉王杨谅、高颖、王世积率水陆三十万将士征伐高丽。由于高丽自隋军平陈后，便治兵积谷，早有防备，而隋军劳师远征，馈运不继，加上疾疫流行，水军在海上遭遇风暴，船只多葬于海上，无功而还。高丽王高元连忙遣使谢罪，算是给了文帝一个罢兵的台阶下。

公元607年隋炀帝北巡时，警惕地发现突厥启民可汗处有高丽王使者活动。于是采纳裴矩的建议，要高元入朝。高元不从，炀帝决定出兵讨伐。经过准备后，他命令出动左右各

辽水景观

十二军及沧海道水军舟舻千艘，目标直取平壤。高丽军队在辽水、萨水节节狙击，坚城死守。隋将作战必须请示皇帝，以致一再贻误战机，结果大败而退。公元613年他再次亲征，这次敕准诸军便宜行事，诸将分道攻城，高丽形势危急。不料在黎阳督运的杨百感起兵作乱，迫使隋炀帝仓促退兵，高丽派兵追击，重创隋军。次年炀帝竟然又发动第三次征辽战争，此时全国战乱风涌，人多流亡，形势混乱不堪，隋军大多不能按期集结进军。这时，高丽经连年作战也困弊不堪，乃遣使向隋军乞降，隋炀帝同意退兵。事后高元仍然不肯

山东章丘长白山景观

入朝，炀帝还想举兵再征，终因天下大乱而作罢。

无穷无尽的劳役和年复一年的征伐高丽的战争，给人民带来了不堪忍受的灾难。其中有三四百万士兵和民工死于行役和战争，农村中只剩下了老弱和妇女，社会生产已无法正常进行，加之隋朝后期山东、河南一带水灾不断，疫病流行，人口和牲畜大量死亡。广大农民陷入了水深火热之中，被迫起来反抗，以求一条生路。

（三）义军蜂起山河覆灭

对高丽的战争尚未进行，农民就相继起义了。公元 611 年，起义首先在山东章丘长白山爆发。起义的领导者王薄自称知世郎，作《无向辽东浪死歌》，鼓动农民

王薄塑像

隋炀帝的奢华与残暴

不要到辽东去为统治者卖命。很多人都前往
参加王薄的起义军，起义军队伍迅速壮大。
起义军的势力逐渐从山东、河北向江南发展，
蔓延到黄河、长江两大流域的广大地区。

公元615年十月，隋炀帝回到东都，马
上故态复萌，把群臣的劝谏抛到一边，再也
听不进臣下的意见，又是议伐高丽，又是准
备去江都，几个月就这样过去了。直到大业
十二年正月，由于起义的发展，朝集使不至
者二十余郡，隋炀帝才感到形势确实有些严
重，始议分遣使者十二道发兵进行讨伐，开
始把部分注意力放到镇压农民起义上来。隋
王朝开始加强镇压，但各路起义军经过持久
的战斗，壮大了力量，也开始加强攻势，攻
陷了许多郡县，消灭了大量的郡兵和府兵。
隋炀帝调杨义臣率从辽东到此增援的部队镇
压河北的起义军，自己则亲自带禁军到江都，
由陈棱率领镇压江淮的起义军，还任命唐公
李渊为太原留守，继续镇压山西起义军，并
防御突厥。在隋王朝集中力量进行镇压的情
况下，几支最早的起义军受到挫折。

起义军吸取分散作战易于被各个击破的
教训，公元617年初，最终在黄河南北和江

王薄起义纪念碑
隋炀帝的奢华与残暴

隋炀帝江都宫雪景

淮地区陆续汇成三大义军。一是瓦岗义军，逃脱了官军捕杀的李密，上了瓦岗寨，投奔在此聚众造反的翟让。李密设计破金堤关，消灭张须陀，攻占兴洛仓，连战大捷，开仓散粮。瓦岗军众至数十万，成为声势最大的反隋武装。二是河北义军，农夫出身的窦建德收集孙安祖、高士达余部，优待归降的士人和隋官，在河北发展到十万余人，并且自封为长乐王，建立了政权。三是江淮义军，江淮军的基础是山东南下的几支造反队伍，被杜伏威用武力统一了起来，队伍逐渐壮大。三大义军占领了河北、中原和江淮广大地区，隋的残余势力被分割包围在长安、洛阳、太原、幽州、扬州等几个孤立的据点，隋王朝陷于土崩瓦解的境地。

公元617年四月瓦岗军发表讨隋炀帝檄文，标志着与隋军进入决战阶段。同年五月李渊趁势在晋阳起兵，半年后袭取长安，在江都的隋炀帝终于认识到大势已去，便放纵玩乐，一批不满隋炀帝重用南方人及南朝旧官，又滞留江南不归的北方将领，拥戴关陇军事贵族宇文化及，以北归为号召，煽动将士进行反叛。公元618年农历三月，缢杀隋炀帝于江都宫西阁，隋朝灭亡。

三 李渊太原起兵问鼎全国

唐高祖李渊像

（一）晋阳起兵占据关中

　　李唐祖上原籍属于山东望族，从西晋末年到隋统一中国的二百年中，李氏家族一直是关陇的贵族世家。李渊的祖父李虎在西魏时立下战功，是"八柱国"之一，封唐国公。后李渊袭其爵位，成为隋朝重臣。李渊娶北周上柱国窦毅的女儿为妻，生有四男即李建成、李世民、李元吉、李元霸，四子在隋炀帝继位后分别升任将军，历任陇州、楼烦等地的地方长官。当时天下大乱，统治阶级内部日益分裂，炀帝因杨玄感起兵反叛而猜忌杀戮大臣。隋炀帝曾因事征召李渊议事，李渊因病未能按时拜见。李渊有

唐太宗李世民像

个外甥王氏在炀帝后宫，炀帝向王氏询问李渊未应召入宫的原因，王氏以李渊患病答对。炀帝闻听后半信半疑，颇不满意地说道："可得死否？"当李渊闻知炀帝对自己的猜疑和不满后，越发恐惧。为消除皇上的猜疑，李渊在向炀帝进献珍宝的同时，整日纵酒取乐，以表示自己胸无大志，没有窥伺国家社稷的野心，这才使隋炀帝放松了对他的警惕。

早在公元 613 年，李渊就已萌发反隋的念头，却一直都没有公开起来反对隋王朝的统治。正当他犹豫的时候，隋炀帝因李渊镇压农民起义和抵御突厥势力南下屡立战功，任命李渊为太原留守。在太原留

李渊太原起兵雕塑

守任上，李渊鉴于隋王朝在农民起义的强烈冲击下大势已去，终于开始准备起兵反隋，夺取天下。太原是个军事重镇，不仅兵源充足，而且粮饷丰沛。李渊非常高兴，暗中在太原发展自己的势力。他以镇压农民起义军为名，自行招募士兵。许多有识之士也不远千里慕名到晋阳投奔他们。与此同时，李渊的次子李世民自从随父亲来到太原后，结交了长孙顺德、刘文静等一批好友，有意一同图谋大事。在李渊的秘密组织下，他的二儿子李世民、手下刘文静等人四处活动，招揽人才和附近的地主武装，没过多久，李渊直接控制的军队就达到近万人。

李渊的这些行动，引起了副留守王威和高君雅的怀疑。隋炀帝一直对李渊不放心，这两个人就是隋炀帝安插在李渊身边的内线。王威、高君雅见李渊图谋不轨，决定在晋祠举行祈雨的仪式，邀请李渊等去参加，伏兵杀之。晋阳乡长刘世龙与高君雅关系不错，他无意之中偷听了王、高二人的密谋。刘世龙知道李渊是个英雄人物，就把这事向李渊说了。李渊决定先发制人，除掉王威、高君雅。几天后的一个夜晚，李渊派长孙顺德率领五百名新招募的士兵，与李世民的军队一同埋伏在晋阳城东门旁边，以防不测。李渊派人把王威、

王威等人决心借晋祠祈雨之机伏兵除掉李渊

李渊太原起兵问鼎全国

**唐代文物——越窑青瓷
五缺花口碗**

高君雅找来，说有要事相商，二人毫无
戒备。李渊见到二人，当面宣布他们勾
结突厥人的罪状，并将二人逮了起来，
又过了几天，正巧突厥骑兵入侵，人们
都以为真的是王、高二人引进来的。李
渊趁机把两人斩首示众，宣布自己为了
维护隋朝的统治，而大举义兵。

李渊晋阳起兵后，就决定进军关中，
直取长安，以号令天下。但南下攻取长
安时，背后有数十万的突厥军队虎视眈
眈，还有瓦岗军近在洛阳，不处理好这
两个方向的战略关系，就会三面受敌。
李渊只有三万兵力，无法多方作战，于

是制订了臣服突厥和安抚李密的战略。突厥自大业五年启民可汗去世，始毕可汗继位起，便与隋失和。大业十一年始毕可汗围攻隋炀帝于雁门，关系恶化。始毕可汗接李渊手书后表示，只有唐公自作天子，推翻隋朝、才给予支持。李世民、刘文静掌握的兴国寺屯兵也闹事，胁迫李渊服从突厥。于是李渊遣刘文静出使突厥，实际是称臣于突厥，以换取军事上的支持。八月，突厥派来五百士兵和两千匹马，合乎李渊多要马少要兵的方针。这样可以预防将来对入援的突厥兵失去控制．又达到了借突厥兵马为自己壮大声势的目的。瓦岗军是另一个要妥善处理的对手，不仅要避免其对自己构成直接威胁，还要利用其来牵制洛阳的隋军，李渊致书李密时极尽谄媚之能事，哄得李密高兴，一心去对付王世充。李渊因而得以集中力量进攻关中。

李密塑像

当时，西河郡丞高德儒不服从李渊的命令，李渊就命令长子建成、次子世民率军攻打西河。行军途中，建成、世民与士兵同甘共苦，所过之处秋毫无犯。沿途的老百姓见来了一支多年不见的仁义军队，都争着送来蔬菜水果慰劳建成、世民。而二人坚持付给

李渊太原起兵问鼎全国

百姓钱，如果不收就不吃，实在推辞不了的，二人就跟士兵们一起分享。将士们见二人如此爱护部下，都很感动，纷纷向二人表示愿意为之效命。到了西河，建成、世民的军队奋勇向前，以一当十，不几天就把西河拿了下来，把高德儒也杀了。建成、世民又在城中开仓济贫，很得民心，名声也传播开来。

西河首战告捷，李渊信心大增。他命令三子李元吉留守太原，自己则亲自率领三万大军，进军灵石县。隋朝守将宋老生屯兵霍邑，挡住了李渊南下的道路。当时天公不作美，阴雨连绵，粮饷也因此没有及时送上来；还有流言说刘

太原古建筑

隋唐——强盛的大一统王朝

武周与突厥联兵想乘虚攻取太原。李渊很着急，把谋臣武将们召集来商量对策。裴寂对李渊说："太原是军事重地，而且大多数起义军将领的家属都在那儿，如果太原有失，那无异于大树断根；现在前进受阻，不如先还师太原，再等待时机以图后举。"李渊认为这是两全其美之策，于是下令班师。就在这时，李世民前来劝父亲，说现在已举义兵，就如箭在弦上，只能前进，不能后退。如果遇到这么一点挫折就打退堂鼓，士气肯定因此受挫，大事难成。李渊恍然大悟，赶紧命令世民和建成骑快马追回已经先撤的部队。过了十几天，雨也停了，粮饷也送到了。李渊亲率大军直奔霍邑。他派建成、世民各带人马前去挑战，又把军队分成十几队，从城东南向西南，装出安营攻城的样子。宋老生带着三万多人，杀出城来，李渊命令一队士兵假装败退，宋老生认为李渊害怕了，就带队追击。李渊见宋老生已远离霍邑，就命令大将殷开山带精兵插入隋兵背后，控制了城门，两面夹击，隋军大败，宋老生也战死在霍邑城下。

攻占霍邑之后，军心大振，李渊乘胜前

刘弘基像

李渊太原起兵问鼎全国

李渊命李世民率军渡黄河，入关中，直取长安

进，攻取临汾。兵至汾阳，李渊派人给当地农民起义军首领孙华写信。孙华手下人数虽不多．但兵强马壮，称霸一方。他收到李渊的信以后，十分高兴，率领部队归顺李渊。在他的引导下、李渊军队围攻河东要塞。镇守河东的是隋朝名将屈突通，他见李渊来势凶猛，便闭城坚守，不敢交战。李渊攻了几天也没能拿下河东。裴寂建议李渊聚集所有人马攻克河东，干掉屈突通，以绝后患。而李世民却主张应避实击虚，兵贵神速，直取关中。李渊考虑再三，决定兵分两路：由李世民率军渡黄河、入关中，

直取长安；同时以相当的兵力继续围攻河东，来牵制屈突通。李渊的女儿平阳公主在父亲起兵晋阳以后，招引英雄豪杰，准备到时响应父亲。后来，平阳公主与在司竹园起义的何藩仁，攻占了长安附近的鄠城，队伍发展到六七万人。平阳公主听说李世民进了关中，就带着人马跟他会师，屯兵于阿城。李建成也从新丰攻到灞上。李渊又亲自率领大军从下邽西上，最终形成了对长安的合围之势。两个月以后，李建成的部下率先攻上长安城墙，长安守军顿时土崩瓦解，隋朝的西部长安成了李渊的手中之物。李渊占领长安后，仍不放弃尊隋旗号，立炀帝长孙为帝，并尊炀帝为太上皇，自己以大丞相和唐王的身份来辅佐朝政。公元618年3月隋炀帝被杀，五月恭帝退位，李渊登基，加冕称帝。自晋阳起兵后仅一年，便建立了大唐王朝。

（二）李渊称帝统一全国

公元618年李渊在长安称帝建国，当时的天下形势是：全国处于数以百计的武装力量的分割占领之下。几支强大的农民起义军主要活动在中原地区。特别是东都洛阳附近由李密所领导的瓦岗军，拥有几十万的兵力，

洛阳古都一景

李渊太原起兵问鼎全国

兵强马壮，又一直想要做中原的盟主，因而是唐帝国的主要威胁，是唐帝国向东争夺天下的主要障碍。在关中地区尚有强敌威胁的形势下，把主要军事力量用于关东地区，这对唐朝显然是不利的。因而，消灭关中四周的强敌，把关中建设成巩固的根据地。然后再扫除关东的群雄，统一天下，便成了唐王朝最高统治集团的战略抉择。

公元618年占据金城的薛举进犯扶风城，唐军出战时因轻敌而大败，折损兵将十之六七。同年末再战时，唐军坚守高土庶城。六十余天高挂免战牌，待敌疲后出击，一举将敌军击败。李世民

薛举古宅一景

马不停蹄，率轻骑抢先赶到敌人驻扎的城池，使溃退的敌军进不了城，散归陇外。此时薛举已死，全军将士投降。而后唐军的作战方向转向河东。

自李渊从晋阳南下后，代北的刘武周和宋金刚勾结突厥大举南攻，袭占太原，兵犯晋南。于是李世民率军东渡黄河，先在晋西南与敌对峙五个月不与决战，却派兵坚守敌后的浩州，阻断其粮道，迫使敌军北撤。唐军乘势反攻，一昼夜追击二百余里，敌军溃散，宋金刚、刘武周都被突厥人斩杀，唐军收复晋阳。

关陇和河西、河东心腹肘腋之地稳住以后，唐军自武德三年起东进中原，与洛阳的王世充和河北的窦建德决战。公元

夏王窦建德都城广府古城

李渊太原起兵问鼎全国

窦建德像

619 年以后，在东都废杨侗自立、定国号为郑的王世充和定国号大夏的窦建德分别控制着大河南北之地。公元 620 年五月，李世民从山西回到长安，七月受命率大军进军中原，向王世充发起攻击。李世民于谷水大败王世充，兵围洛阳鏖战八个月。

窦建德怕王世充覆灭后自己成为唐军下一个目标，于武德四年三月亲自统兵十余万援救王世充。李世民围城打援，往虎牢迎战。同年五月，诱窦军出击，待其疲困后，李世民以优势骑兵突袭敌军，窦建德被俘，王世充投降。李世民一战而克二敌，黄河流域战事取得了决定性的胜利。七月，李世民凯旋至长安，献俘于太庙，赦王世充为庶人，斩窦建德于市。公元 621 年七月窦建德在长安遇害后，其旧部刘黑闼起兵占据漳南，徐元朗响应，连克州县，尽复故地。李世民再度受命东征，并于公元 622 年大败刘黑闼，刘黑闼逃往突厥。后刘黑闼引突厥侵扰山东，半年后，太子李建成、齐王李元吉又大败刘黑闼。刘黑闼被部下所擒，送太子李建成军中斩首，徐元朗也战败而死。至此江南地区尽归唐朝，从而完成了统一天下的大业。

四　唐太宗与贞观之治

南京玄武门

（一）玄武门之变

李渊以其敏锐的眼光和丰富的政治经验，抓紧时机，在太原起兵，在其长子李建成、次子李世民的辅助下，进占关中，一举完成了大唐创立的事业，并于公元 618 年在长安称帝建立唐朝，立长子李建成为太子，封李世民为秦王。唐朝刚建立不久，秦王李世民和皇太子李建成之间就为争夺皇位展开了激烈的斗争。

李渊的长子李建成，性情宽简仁厚。李渊在山西期间，十七八岁的建成留居河东照顾家小。他能喝酒、爱打猎，与当地博徒大侠有密切的往来。李渊决定起兵后，建成被密召到太原，和世民共同带兵打下了西河郡，又与世民一起领兵进入关中。李渊称帝后，建成以嫡长子被立为太子。由于皇储的地位，他没有亲自率兵参加统一全国的各次战役。他的主要工作是帮助高祖安定后方，处理国事。而李世民年少时便爱好弓矢。公元615年李渊受命为山西河东抚慰大使，便把16岁的世民也带到了太原。在李渊身边，世民熟悉了战争和统治阶级内部的政治斗争，获得了较多的军事知识和政治斗争经验。在唐初削平群雄、统一全国的战争中，李世民立下了许多战功，声誉越来越盛，权势越来越大。特别是公元621年一举击败了窦建德，逼降了王世充，更使他成为一位威震四海的人物。高祖命他为天策上将，而他本人更是努力培植自己的势力。作为皇位继承人的太子李建成，由于李世民勋业日隆，中外归心，更感到自己的地位所受到的威胁越来越大。

唐代古城墙

于是李建成和李元吉策划，利用抵御突厥入侵这个时机，先夺了李世民的兵权，等出征的时候再把他杀掉，李建成在唐高祖面前推荐李元吉代替李世民北征，高祖答应了。

玄武门

唐太宗与贞观之治

唐代胡俑

李元吉又请求秦王府的尉迟敬德、程咬金、秦叔宝等猛将归他指挥，并调李世民部下精锐士兵充实自己的部队，高祖也都同意了。李建成以为自己安排得十分周密，其实，这消息很快就传到李世民那里。李世民急忙找来长孙无忌、尉迟敬德等人商量对策，大家都主张立即动手，先发制人。李世民在长安的力量相对李建成、李元吉来说，是比较薄弱的。虽然他们都蓄养了一批精兵，但世民只有八百人，不及官府兵两千人的一半。正是这种情况，决定了李世民必须采取阴谋伏兵，先发制人的方式。而这

唐代宫殿建筑遗址

种方式之所以能实现，主要是由于玄武门守将被其收买，因而可以出其不意，攻其不备，从而擒贼先擒王、攻心为上，收到瓦解对方的效果。

公元 626 年六月，世民密奏建成、元吉淫乱后宫，准备在高祖召他们入宫时谋杀他们。四日清晨，李世民带领尉迟敬德、侯君集、张公谨等人入宫，并伏兵于玄武门。李建成、李元吉事先虽已得到通知，知道高祖要他们廷辩，但他们不知道玄武门的守将常何已为世民收买。因此，他们将东官和齐王府兵集中起来以后，就前往高祖处一探究竟。当他们走到临湖殿，发现情况异常，立即掉转马

贞观之治群雕

头，往东宫跑。只听有人喊道："太子、齐王，为什么不去上朝？"李元吉回头一看，不是别人，正是对头李世民。李世民连发三箭，只听嗖的一声，李建成从马上摔下来，断了气。李元吉也被尉迟敬德一箭射死。唐高祖正带着大臣、妃子在海池中乘船游玩。忽然看见岸上有一个全副披挂的将军，匆匆赶来，跪在地上说："太子、齐王叛乱，已经被秦王杀死了。"高祖十分难过，吩咐游船靠岸．回头对裴寂等人说："想不到会有今天这样的事发生，你们看怎么办？"左右的大臣听到建成、元吉已死，就都顺水推舟做了个人情。陈叔达说："建成、元吉本来就没有大功，秦王功德盖世，深得人心，理应立为太子，"高祖说："我本来也是这样想的。"三天之后，唐高祖宣布秦王李世民为太子。国家大事一律由太子处理。这年八月，唐高祖被迫让位，自称太上皇。李世民当了皇帝，就是唐太宗。次年改年号为贞观。

唐太宗像

（二）贞观之治

　　玄武门之变后的朝廷一片混乱景象，连年的战争，使得社会局势动荡不安。唐太宗并没有被成功的喜悦冲昏了头脑，面对这种情况，他在给跟随自己多年的将领们加封官职的同时，对齐王府和东宫中有才华的人也都不避前嫌，这使他深得人心。一些原来反对他的人也因为他的宽宏大量而改变了态度，转为支持他和拥护他。正是凭借他无私广阔的胸怀，他很快便赢得民心，逐步站稳了脚跟，朝廷中的各项工作又开始正常进行了。

　　他总是礼贤下士，虚心听取各方面的意见，体察民情疾苦，从不滥建宫宇，颁发沉重徭役。而是鼓励百姓从事农业生产，

唐代宫殿复原图

为百姓做了许多好事。他在用人方面一直是知人善任，赏罚分明，从不感情用事。众所周知，在封建社会里，从来就没有"平等的法律"。法律只是身为一国之主的皇帝统治人民的工具，他们自己却有着至高无上的权力和自由，他们凌驾于法律之上，甚至那些皇亲国戚都是如此。他们经常依仗权势，干尽了祸国殃民的坏事，而且从来不思悔改，逍遥法外，飞扬跋扈，历史上向来都是如此。可唐太宗却截然不同，他不但经常检查自己的一言一行，而且还教育自己的子弟和一些身居显位的人不能仗势欺人，不能干坏事，否则会严惩不贷。

公元 635 年，唐太宗任命大臣李靖为西海道行军大总管，出使西域，这时他手下有一名将领叫高甑生，因为贻误了军机，没有按时到达，李靖便按照军纪给了他处分。为此，高甑生便怀恨在心，写信给唐太宗告状，说李靖要谋反朝廷。大家一听说这件事，都暗地里为李靖捏了一把汗。李靖原先曾得罪过唐高祖，差点儿丢掉了性命，而高甑生是唐太宗的老部下，屡立战功，是唐太宗很信任的好朋友。所以大家想，不管谋反的事是真是假，李靖的性命肯定是保不住了。可令人意外的是，唐太宗并没轻易相信一家之言而马上杀掉李靖，而是慎重从事，派人做了许多方面的详细调查，认为高甑生纯属诬告陷害，李靖无罪。为了教训高甑生，同时也警告那些仗势作恶的人，李世民将高甑生贬为庶民，发配去边疆充军。试想，如果唐太宗偏听偏信，就会使小人阴谋得逞，误杀忠臣良将。所以事后大家对唐太宗的所作所为都交口称赞。

还有一次，有个叫党仁弘的人，过去也是李世民的部下，为李世民夺取江山作出过突出的贡献。但这个人在任广州都督

李靖故居一景

贞观十骥

有名的贪官污吏。此事告到朝廷后，证据确凿，于是被依法判处死刑。可唐太宗怎么也舍不得杀掉他．硬是改动判决，只把他贬为老百姓，从宽处理了。事后，唐太宗心里很是不安，他认为自己以个人的缘故而扰乱了法律的尊严。他考虑再三，为了表示自己认真悔过，他决定一人到郊外去吃素食，向苍天谢罪三日请老天爷饶恕自己的过失。但左右大臣都不同意他这么做，认为这种微不足道的小事实在算不了什么，不必小题大做。他们一齐跪到地上劝阻唐太宗，从早上一直等到下午。看到了大臣们这个样子，唐太宗终于让步了。他不再坚持原来的主张，而是给自己下了一道罪己手诏，很深刻地检查了自己的错误行为，他的这一行为使满朝文武深受感动。贞观中期以后，唐朝经济更加繁荣，政治也很安定，朝廷大臣都尽力歌颂太平盛世。只有魏征不忘过去的艰苦，给唐太宗上了一道奏章，指出他在十个方面的缺点，希望他警惕，保持贞观初年的作风，唐太宗以此为座右铭，时时对照检查。作为一个执掌生杀大权的封建皇帝，能这样严格要求自己，对自己的缺点错误能够认识到这个程度，在历史上是很少见的，这种行为是多么的难能可贵。

正是因为严于律己的态度，唐太宗树立了极高的威望。在他的统治之下，国家百废俱兴，处处呈现一片歌舞升平的太平景象，他并没有为此沾沾自喜，居功自傲。而是把隋朝的灭亡作为自己应该吸取的教训，时时提醒自己注意体谅民间疾苦。他常常语重心长地对大臣们说："人民好比是水，国君好比是船。水可以载船，使它能够乘风破浪，奋勇前进；但水也能够使其覆没。"所以国君依靠国家，国家依靠的是人民，剥削人民

唐太宗在位期间，国家处处呈现出一片歌舞升平的太平景象

丝绸之路的见证——唐代驼铃

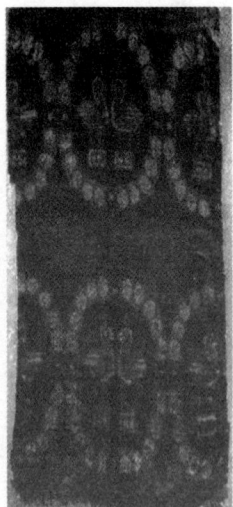

新疆出土的唐代联珠对鸡文锦

来供养国君，就像割下自己的肉来吃一样，等肚子饱了，身体也就完了。这些话深刻地反映了李世民对人民力量的清醒认识。只有认识到这一点，才有可能关心人民疾苦，其江山才能稳固。

李世民在注重发展经济的同时，还注意和边境四周的少数民族搞好关系，稳定了边境局势，被回纥等民族的统治者尊称为"天可汗"，以表示对他的恭敬和臣服。为了促进不同民族间经济文化的交流和发展，李世民在公元640年前后逐步扩展"丝绸之路"，把中原文明向各地传播，弘扬民族文化，促进了经济文化的发展。

李世民不但废除了隋朝的许多苛政，而且又制定了许多有利于人民的法令制度，减少了百姓的许多苛捐杂税，同时鼓励百姓从事农业生产，发展经济。经过一系列的努力，使得社会政治清明、经济繁荣、国泰民安。唐太宗统治的二十三年期间，社会的发展空前繁荣，他的年号为"贞观"，后世便把他统治的这一段时期里出现的盛世局面称为"贞观之治"。唐太宗使历史长河中出现了可观的大唐盛世，堪称为一代明君。"贞观之治"便作为他卓越政绩的代表，成为后代治国者的治国榜样。

五 武则天代唐称帝

（一）革唐为周

武则天的父亲是武士彟，原是经营木材的商人，隋末参加了李渊的起兵，后随李渊入长安，功拜光禄大夫，后官至工部尚书，名列十四位开国功臣之一。

武则天 14 岁时，长孙皇后去世，唐太宗十分伤感。杨妃劝他从民间选几个美女来，充实后宫，好让他摆脱伤痛，于是唐太宗就让杨妃操办这件事。杨妃乘机把她的外甥女武则天选入宫中，被唐太宗封为才人，并赐名媚娘。公元 649 年太宗驾崩，26 岁的武媚娘和一些后宫中太宗名下的宫眷，按照制度都被送到感业寺去做了尼姑。没过多长时间，

武则天像

感业寺遗址

太宗之子唐高宗又看上了她，把她召回宫来，封为昭仪。

　　武则天很聪明，会耍手腕，刚回宫的时候，对王皇后非常谦恭。王皇后就常常在唐高宗面前说她的好话，没过多久，唐高宗就和武则天好得如胶似漆、形影不离，渐渐地把皇后疏远了。王皇后见势不妙，又转过来说武则天的坏话。可是这时候唐高宗哪里还听得进去呢，武则天十分得意，想进一步夺取皇后的位置，绞尽脑汁，千方百计陷害王皇后。永徽四年，武则天为高宗生了一个白白胖胖的男孩，这无疑为她的前程增添了一份保证。又过了一年，

乾陵无字碑

她又为高宗生一个小女孩。王皇后因为自己没有孩子，常常逗这个女孩玩。一天，王皇后刚刚离开，武则天就偷偷地把女儿掐死，然后又照样盖好被子。唐高宗进来掀开被子一看，发现女孩已经死了，便大叫起来："谁杀了我的女儿？"他问乳母："方才谁来过了？"乳母战战兢兢地回答："只有皇后来过。"俗话说"虎毒不食子"，高宗当然不会怀疑武则天，武则天抱着小女婴的尸体号啕大哭，唐高宗又伤心又气愤。从这以后，唐高宗就起了废王皇后、立武则天为皇后的念头。然而长孙无忌、褚遂良等元老大臣以王皇后是名家望族，武昭仪则出身低微等理由极力反对；而以许敬宗、李义府为首的臣僚却全力支持，那个许敬宗更是在朝廷里大造舆论："种田的农民多收了几十石谷子，都想换个老婆，何况贵为天子呢？"然而最终让唐高宗下定决心废除王皇后改立武则天为皇后的，是后宫精心策划的一次阴谋。

有一天，皇后宫中一个宫女到皇帝那儿密报，说皇后怨恨皇上，跟他的母亲魏国夫人正在使"厌胜"之术，诅咒皇上早

乾陵地宫

死。高宗见这个宫女是皇后的近侍，不由得不信，便带了内侍监的宦官，去到皇后宫中，由那告密人指点，从皇后床下面的砖下挖出一个小木偶，上面写着皇上的名字和生辰八字，而木偶的七窍和心目全都插着钢针。高宗一见差点气疯了，皇后也吓傻了。高宗终于下决心不顾大臣们的阻拦，于公元655年冬天，下诏废了王皇后，立武则天为皇后。武则天一当上皇后，就参与朝政，先把褚遂良贬到外地做官，随后又逼长孙无忌自杀，同时罢免了二十多个反对她的人，还命令宫监们把王皇后、肖淑妃各杖一百下，又断去手足，放到酒瓮里用酒泡

武则天代唐称帝

唐代女服

着，使她们在极大的痛苦中死去。她还提拔许敬宗、李义府做宰相，加强了自己的势力。就在这个过程中，武则天享受了最高统治者的乐趣，刺激她萌生了晋位女皇、号令天下的野心。

过了几年，唐高宗患病，不能临朝，便托武则天处理朝政。起初，她对唐高宗还是颇为尊重的，但日久天长，皇帝那庸儒的性

唐制土婚服

格已为武则天所掌握，她便渐渐地凌驾于皇帝之上，后来几乎到了她说一不二，不许皇帝反驳的地步。武则天把国家大事处理得井井有条，她的威信越来越高。当时，大臣们把唐高宗和武则天并称为"二圣"。实际上，实权完全掌握在武则天手中，唐高宗不过空有其名罢了。唐高宗深感武氏一派的威胁越来越大，担心李家的天下保不住，就想趁自己还在世，传位给太子李弘。但是，武则天竟用毒酒杀死了自己的亲儿子，又立次子李贤做太子。不久，又把李贤废为庶人，改立三儿子李显为太子。弄得唐高宗束手无策。公元683年，唐高宗病死，

李显像

太子李显继位，即为唐中宗。武则天不能容忍唐中宗重用皇后韦氏家族的人，于是她废中宗为庐陵王，改立小儿子李旦为皇帝，就是唐睿宗。但不许他干预政事，自己以皇太后身份亲政。

武则天临朝称制，激起失意官僚和李唐宗室的起兵反抗。公元684年李敬业组织十万人马在扬州叛乱，骆宾王为他起草了檄文，声讨武则天秽乱春宫、狐媚惑主、杀姊屠兄等种种罪行，武则天派李孝逸率三十万大军前去镇压，仅四十九天便平定了扬州叛乱。公元688年李唐宗室策划起兵，博州刺史琅邪王李冲仅七日就败亡。对外平叛的胜利使得武则天在朝中的地位更加巩固，同时武则天还任用酷吏来巩固自己的统治，大开告密之门，以滥刑清除政治上的反对派。李唐宗室王公，包括唐高祖、唐太宗、唐高宗三代皇帝的皇子，诛灭殆尽。仅存武则天亲生的两个儿子，中宗李显被流放在房州。睿宗李旦虽名为皇帝，被软禁在别殿，无人能构成对武后权力的威胁。以唐家老臣自居的大臣们也遭到沉重打击，在武后临朝称制的六年半中，二十四名宰

二圣寺内的武则天和
唐高宗像

武则天女皇雕像

相中被贬杀的超过三分之二，朝臣中已不再
有人敢公开反对武则天了。于是在公元 690
年的重阳节，唐睿宗和满朝大臣按照武则天
的旨意向她上表，请求更改国号。武则天下
诏废了唐睿宗，改国号为周，自称"圣神皇
帝"，做了中国历史上唯一的一位女皇帝。

（二）女皇的盛世

　　武则天做女皇以后，立武氏七庙，甚至
把儿子李旦改姓武。武则天仍然搞酷吏政
治，狄仁杰和魏元忠等社稷重臣也几乎性命
不保，但最后都得到武则天的赦免。周兴等
以下酷吏和数百罗织之党，陆续被处置。公
元 697 年酷吏来俊臣被处极刑，标志着酷吏
的政治结束。

　　人们在诅咒武则天任用酷吏、打击异己的同时，也不得不为她执政期间所取得的业绩而感到由衷的赞叹。武则天大量提拔庶族地主做官，以扩大自己统治的基础。武则天鼓励地方官推荐人才，还允许人们自己推荐自己。被推荐或者自荐的人经过试用，如果确有才干，很快就会得到重用，但对不称职的，也毫不客气地罢黜降免。武则天还改进和发展了以前选拔人才的科举制度。过去的科举只选拔有文才的人，武则天专门开设"武举"，选拔武艺高强的人。以前各州选送举人进京，总是把举

武则天代唐称帝

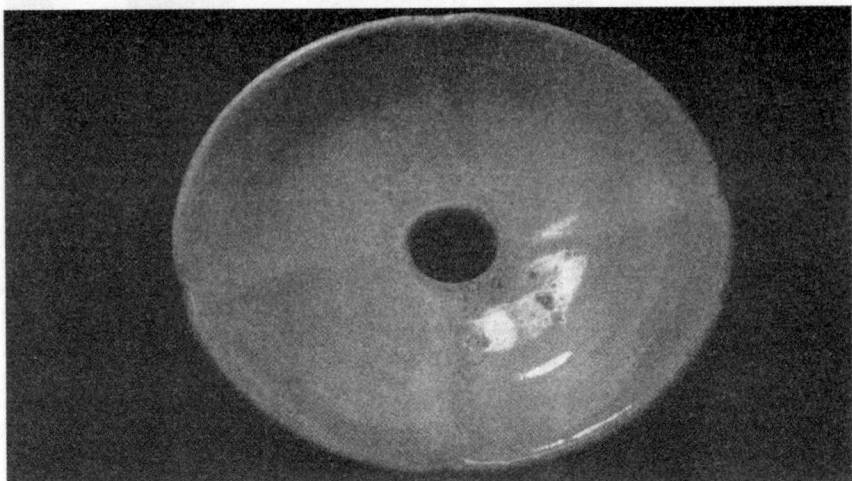

唐代巩县窑白瓷唾盂

人安排在向皇帝进贡的贡物后面，武则天把这种顺序改变成先送举人，后送贡物，表示出对人才的重视。通过这些措施，以宗室贵戚、元老重臣为核心的统治集团，被新起的庶族地主官员和武氏集团所代替。

在纳谏力面，武则天还保持了唐太宗的一些政治风度。在她政权巩固以后，有人劝她罢告密，宽刑罚，她都采纳了。她还接受监察御史魏靖的上书，派人复查来俊臣所兴的大狱，给不少人平了反。武则天保护直言敢谏的大臣，对她身边的亲近人等加以约束，尽量限制他们的特权，目的是使她的那些皇亲国戚的不法行为有一定的限度，不至于过多地损害她的统治。

武则天在位期间，比较重视农业生产。她明令规定地方行政凡是耕地增加，家有余粮的地方，官吏便受奖赏；反之，户口减少了，就要受罚。所以从唐太宗到武则天的七十多年中，劳动人民能在相对安定的环境下从事生产，使社会财富不断增加，人口也不断增长，在武则天统治结束时全国登记户口已经有615万户，这为以后的开元盛世打下了坚实的基础。

晚年的武则天政治上实际上是很孤独的，她把张易之、张昌宗这样一些年轻的男宠视为亲信，将政事委任给他们。于是，二张势倾朝野，把朝廷弄得乌烟瘴气。她

唐三彩兽足炉

武则天代唐称帝

唐代黄釉四手罐

自己也日趋奢侈专断，弊政很多，众叛亲离。终于在公元705年正月爆发了一场军事政变，宰相张柬之联合宫廷卫兵首领右羽林卫大将军李多祚率兵从玄武门突入宫中，斩杀了张易之、张昌宗，武则天被迫还位给唐中宗。同年，82岁的武则天凄凉地老死在洛阳上阳宫，史称"还政于唐"。

六 唐玄宗与开元之治

（一）玄宗继位和整顿朝纲

公元705年正月，张柬之、桓彦范等五人趁武则天病重，发动宫廷政变，杀张昌宗、张易之，逼武则天退位，中宗李显复皇帝位。二月，恢复唐朝国号。但以武三思为首的诸武势力仍然存在，张柬之多次劝唐中宗诛杀诸武，中宗不予听取，与武三思议政。武三思与韦后、上官婉儿私通，儿子武崇训娶了安乐公主。武韦联合，先用明升暗降的办法，夺去张柬之等功臣的实权，不久又将他们外贬杀死。于是，武韦势力控制了朝政。韦后一心想仿效武则天做女皇，密谋废掉不是她亲生的太子李重俊。安乐公主也想取代太子做"皇太女"，同其丈夫武崇训经常一起当

《武后步辇图》

隋唐——强盛的大一统王朝

唐三彩马

面凌辱太子。707 年七月，太子依靠左羽林大将军等发动政变，杀死武三思、武崇训父子，再进入内宫要杀掉上官婉儿和韦后、安乐公主。韦后等挟持唐中宗逃入玄武门楼，唐中宗出面喊话，于是军士倒戈，很多将领被杀，太子慌忙逃出城外，也被士兵杀死。此后韦后大肆培植自己的党羽，控制羽林军，景龙四年五月，燕钦融参奏皇后淫乱，干预国政，竟被韦后党人当殿扑杀。面对这样残杀大臣之事，中宗懦弱不敢言，仅面露不悦，便在六月被韦后和安乐公主毒杀。韦后秘不发丧，令上官昭容伪造唐中宗遗诏，立温王重茂为皇太子，自己临朝称制，政局再次动荡不安。

在唐中宗被专权的皇后韦氏毒死的危难之际，为了保住唐室江山，唐睿宗的儿子李隆基联合太平公主发动政变，用武力清洗作乱的韦氏和武氏集团，恢复了父亲睿宗的帝位。睿宗复位后，重用姚崇、宋璟，但是唐室内部又起纷争。唐中宗次子聚众起兵争夺皇帝位，袭取洛阳时败死。更严重的争斗，很快在李隆基和太平公主间展开。太平公主是武则天的幼女，沉敏多权略，当年诛张易之时出过力，唐中宗封她为镇国太平公主；平韦后之乱，又是她和李隆基一起发动，睿宗对这位胞妹非常尊重。

公元712年，唐睿宗把皇位让给了能干的李隆基，改年号为开元，这就是历史上有名的唐玄宗，又称唐明皇。然而此时的太平公主亲信众多，又觉得唐玄宗是靠她的力量登上王位的，越发不可一世，大有仿照她母亲统治天下的趋势。玄宗朝中七个宰相，有五个是太平公主的亲信。他们表面是唐玄宗的辅政大臣，实际却跟太平公主勾结在一起作乱朝廷。因此，唐玄宗的帝位如同风中残

唐玄宗李隆基像

烛，飘摇不定。公元713年，唐玄宗越来越无法忍受太平公主一伙的胡作非为，经过缜密的准备以后，李隆基先下手为强，彻底铲除了太平公主及其党羽，这才结束了几十年的纷扰动荡的局面。

（二）鼎盛之基的奠定

因为唐玄宗经过两次政变才得到政权，所以他很注意从各方面来巩固他的统治，唐玄宗起用了姚崇、宋璟、张九龄等人为相，针对当时的弊政进行了一些改革。有一天，玄宗约姚崇谈论天下大事，姚崇将古比今，谈得头头是道。唐玄宗听得入神，竟忘记了吃饭。最后，玄宗对姚崇说："我早知道您是个人才，请您做我的宰相

张九龄像

唐玄宗与开元之治

《乐宫图》

吧!"姚崇推辞不干，唐玄宗很奇怪，问他什么缘故。姚崇跪下说道："臣有十件大事，恐怕陛下未必同意，所以不敢接受任命。"唐玄宗说："你说说看，是哪十件大事？"姚崇说："第一，以仁义为先，不要只用刑罚；第二，十年之内，不要在边境作战；第三，宦官不要干预朝政；第四，皇亲国戚不要担任机要职务；第五，无论什么人，犯了法都要受罚；第六，取消租税以外的一切额外征收；第七，禁止营造佛寺；第八，对待臣部下要有礼；第九，允许群臣对朝政提出批评建议；第十，严禁外戚干预政事。这十件大事，陛下能同意吗？"唐玄宗十分诚恳地说："这十件大事至关紧要，我都同意，你不必担心。"姚崇马上叩头谢恩，表示愿意接受任命。姚崇提出"十事要说"为名的施政纲领，从反对酷吏政治和防止宦官外戚干政入手，来解决武则天和唐中宗以来的弊政，这些主张在唐玄宗初年的政治中基本上得到了贯彻。

唐代墓室壁画

玄宗继位时年 28 岁，正是壮年时期。他在乱风狂雨中夺到政权，实际上是个创业的君主。他在开元时期任用的宰相，如姚崇、宋璟、张九龄等都是颇具名望的政治家。在吏治方面，

唐玄宗与开元之治

唐玄宗泰陵一景

实行了裁汰冗官的措施。中宗时韦后和安乐公主安置私人，又大肆卖官，使得无用之人高达数千。玄宗革去了这些冗官，并停废了闲散的司、监、署十余所，又严格控制官员的选拔，强调以才以功授官。注意考核地方官尤其是最基层的县令，让各道按察使对其政绩进行严格考核。对食封贵族，采取了抑制措施。唐初以来，凡"食实封"的贵族由国家照实封户数把课户拨给封主，租调由封主自己征收。开始时封主不过二三十家，封户最多的千余户；到玄宗时封主已达一百四余家，封户最多的达万户以上。加之封主收租调时常超额征收，百般勒索，封户破产逃亡很多。开元三年规定，封王应得的租调由政府统一征收后送往京师，封主再到京师领取，不准自己到封地催征。凡子孙承袭者，封户递减五分之一。

唐玄宗还接受大臣的建议，采取了抑制佛教的政策。山东、河南连年蝗灾，地方民众迷信，有人于田旁焚香膜拜，不敢灭杀。玄宗遣使督促州县大力捕杀蝗虫，以赈灾情。唐玄宗认识到了安定民生的重要性，采取了一些促进生产的措施。社会经济得到了较稳定的发展。水利是农业的根本，公元755年以前，各地修建的水利工程达一百六十三项之多，这些水利工程对于农业生产起着不可低估的作用。手工业和商业也发展起来了。长安、洛阳这些大城市里有各种手工业作坊。官府的作坊里，使用着轮流上班的"短蕃将"和长期上班的"长上匠"。工匠们受着严格的封建束缚，他们被登记在专立的户籍上。但是这些不自由的、贫困的工匠，却以高超的技艺，创造出了精美的产品。手工业的发展，也直接刺激了商业的发展。长安城里有专门的"市"，特供商业贸易在此

唐代瑞兽葡萄镜

唐玄宗泰陵城墙古木

处进行。在与邻近地区的民族关系上，也达到了唐朝的鼎盛水平。从贞观年间以来，在西北边疆，唐朝建立了许多行政军事机构。除了安西都护府和安西四镇外，还有北庭大都护府。在这片广漠的国土上，汉族和兄弟民族生息其间，关系十分融洽。西南方面，开元时出现了新的政权——南诏。公元738年，玄宗封其首领皮罗阁为云南王。皮罗阁的孙子曾到长安访问，玄宗还把一个宗室的女儿嫁给了他。总而言之，在开元时期，唐对边疆地区，或建立了直接的统治，或册封兄弟民族首领为一方君王，双方关系密切。虽然中间也曾出现一些小小的波折，但都没有破坏总的安定形势，这也为开元盛世提供了一个有利的外部环境。

由于采取了这些措施，扫除了积弊，使得社会安定，政治清明，社会经济空前繁荣，达到了全盛时期。一个小的县城也有万把户人家，稻米十分油润，小米非常洁白，公家或私人的仓库里都装满了粮食。男子耕种，妇女采桑养蚕，百姓安居乐业。此时踌躇满志的唐玄宗登泰山告成功于天地时，全国户口在开元二十七年达到786万户，比武周末的615万户又增加27%。因此历史上把这种全盛的景象称为"开元盛世"。

七　极盛渐衰的唐王朝

张九龄像

（一）唐玄宗的后期统治

唐玄宗在位的时间很长，到公元742年，他已经做了三十年皇帝。他初期的确有过励精图治的精神，随着他的年纪增长，他有点儿志得意满，只想纵情于声色之中，政治也走上了下坡路。当时的李林甫靠勾结宦官、妃嫔，留意玄宗一举一动，来了解玄宗的心意，深受玄宗的赏识。而张九龄遇事敢于力争，玄宗特别讨厌他，于是把张九龄的宰相之位罢免，而把善于逢迎的李林甫任为宰相。从此唐朝的政治风气开始变得越来越糟。如果有人上书论事，第二天便降级外调，吓得大臣们上朝时都不敢讲话，朝廷官员不附和李林甫的，都遭到阴谋陷害。他人前说话很好听，背地里专门害人。李林甫的权势日炽一日，而朝政的败坏也日甚一日。而唐玄宗不仅不以为李林甫是奸臣，反认为他是忠贞之士。有一天，玄宗对太监高力士说："现在海内太平了，我想好好清闲享受一番。我准备把国政委托给李林甫，你看怎么样？"高力士为之一惊，忙说："天下权柄，怎能轻易给人呢？"顿了顿又补充说："他若养成权势，谁还敢说个不字呢？"高力士本是唐玄宗的心腹，对他的意见，玄宗往往是十分看重的。但这时的唐玄宗，已无心于朝政，只知道

高力士墓碑刻

极盛渐衰的唐王朝

华清池一景

沉湎于声色犬马之中，连高力士的话也听不进去了。高力士见玄宗怏怏不乐，吓得赶忙谢罪，说自己是胡说。

公元736年，玄宗因所宠爱的武惠妃死去，十分伤心，整日郁郁寡欢。宫中数千红颜，他一个也不满意。有人讨好玄宗说，寿王妃杨氏体态丰艳，绝世无双。玄宗立即命令太监把她接进宫来侍酒。杨氏天资聪颖，能歌善舞，尤其善于逢迎拍马，玄宗把自己写的《霓裳羽衣曲》给杨氏看，她一看就领会了玄宗的意思，当场且歌且舞，犹如仙女下凡。玄宗喜出望外，如获至宝。唐玄宗把杨氏接入南宫，赐号太真，南宫也改名为太真宫。杨太真入宫以后，恩宠与日俱增，不出一年，已是三千宠爱在一身了。这个曾在兴庆宫盖起了勤政楼借以自勉的风流皇帝，从此再也不去上早朝了。

公元745年，杨太真被册封为贵妃。贵妃的地位仅次于皇后，可这时并没有皇后，她就是实际上的皇后了。杨贵妃生长于南方，喜欢吃鲜荔枝。荔枝很容易坏，离枝四五天就色味俱变。为了能让宠妃吃到新鲜荔枝，玄宗下令专门开辟了从岭南通往长安的数千里贡道，沿途设有驿站，备有快马，荔枝运到长安，色味不变。杨贵妃受宠，她的弟兄姐妹也就飞黄腾达了。其兄杨锜被封为四品的朝中高官，贵妃的堂兄杨国忠更深受玄宗赏识，李林甫死后，杨国忠官至宰相，还兼着四十余职，权倾天下。

杨贵妃塑像

杨国忠和李林甫一样，专门顺着玄宗的心思行事。玄宗好战，他就发动一系列的征伐战争，将士死亡的高达二十万。这些不义之战加深了民族矛盾，各族人民深受其害，更为天宝后期的祸乱埋下了隐患。杨国忠整天发号施令，胡乱处理政事，选任官吏都在

杨贵妃衣冠冢

家里私自定下，结党营私，贿赂公行，唐朝政治更加昏暗了。

（二）安史之乱

开元二十九年以后唐玄宗改元天宝，盛世局面继续发展。但与之同时，社会上的腐朽力量也迅速膨胀，各种矛盾也暴露出来了。然而唐玄宗晚年最大的社会问题是边镇的军事力量不断扩大，而府兵制的废弛使唐朝中央控制的军事力量严重削弱，原来"内重外轻"的军事形势逐渐变成了"内轻外重"，对中央集权统治构成了威胁。这些藩镇驻军加上其他边地的兵力达四十九万，而京师和内地的兵力总共才八万，不到边镇的六分之一。这些边镇节度使不仅兵多马壮，而且还控制了当地行政和财政大权，很容易发展成强大的地方割据势力。

边镇将军安禄山是少数民族，通晓汉话和北方少数民族语言。安禄山初为幽州节度使的部下，他不识字，却多谋善战，后来做了平卢节度使，管辖河北北部地区。安禄山长得肥胖高大，内心奸诈狡猾，可外表上却装出一副憨厚老实的样子，让人看了误以为他缺少心计，对他不加防范。有一次他进宫看到皇太子，故意不下拜行礼，所有的人都责备他。他却装出一副傻样子问皇帝："我是不识礼节的人，可太子是什么官呢？"唐玄宗说："等我死了以后，就把皇位传给他。"安禄山仿佛恍然大悟似的说："我真是太愚蠢了，只知道有皇上，却不知有太子，真是该死。"这才给太子叩头，他还装出一副诚恳的样子对玄宗说："我受到陛下您过多的恩宠，又没有什么特殊的才能回报，就希望我能代陛下您死吧。"由于他憨厚的样子装得特别像，竟然使玄宗感动不已。

善于装傻的安禄山看到杨贵妃得宠，就

安禄山跳胡旋舞图

极盛渐衰的唐王朝

又来了一次表演。有一天杨贵妃坐在皇帝身边，安禄山进来后先去给杨贵妃行礼叩头，然后再朝拜皇帝。玄宗问他："你为什么先拜娘娘？"安禄山回答说："按胡人的风俗，只知有母，不知有父。"玄宗开玩笑说："那么你刚才是拜见母亲了。"安禄山趁机说："如果娘娘愿意收我这个粗笨的儿子，我愿意终生孝顺。"杨贵妃觉得挺好玩，便欣然答应。玄宗也来凑趣，还让杨贵妃给安禄山来了个洗礼，逗得大家嘻嘻哈哈，合不拢嘴，喧闹一场之后，玄宗就提升安禄山做了御史大夫。

安禄山一直伪装得很好，欺蒙住了玄宗，于公元751年做了平卢、范阳、河东

华清池一景

隋唐——强盛的大一统王朝

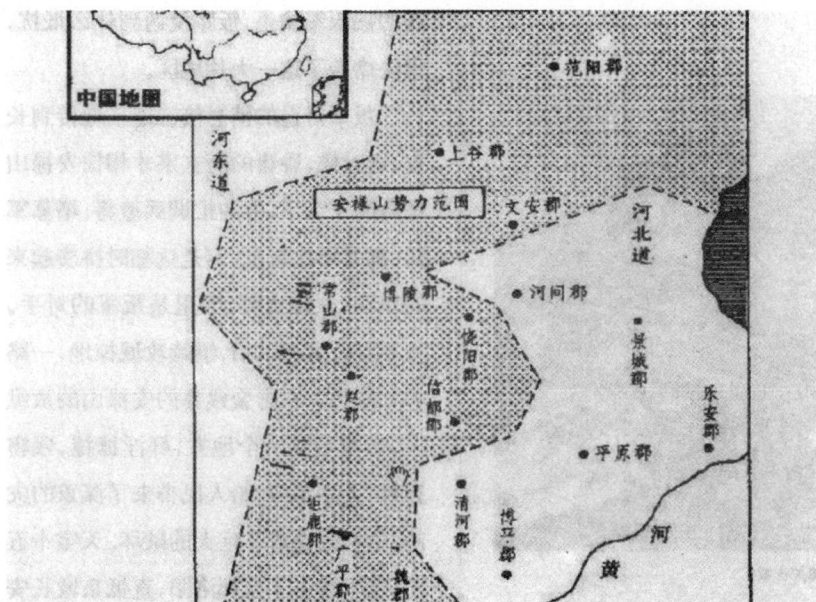

安禄山的势力范围图

三镇节度使，统兵达十八万余人，成为第一强藩，把辽阔的北方领土，都置于他的管辖之下。他暗中招兵买马，做夺取天下的准备。他拥兵十五万人，还大量招收少数民族青年当兵，用胡人作带兵的将领。当他认为一切准备都够了，便以"讨伐奸相杨国忠"为名，从范阳起兵，公开发动叛乱。安禄山发兵十五万，号称二十万，向南进军，准备大举进攻中原地区，打到长安，推翻唐朝，自己当皇帝。此时，唐朝的统治已经腐败不堪，军队毫无作战的准备，淡漠了备战意识的河北州县望风瓦解，加上这一带本来就是安禄

潼关古城

唐肃宗李亨驻驿地碑

山直接统治的地区，因此当叛军打来的时候，黄河以北二十四郡的文官武将，有的开城迎接叛军，有的弃城逃走，有的被叛军擒杀，叛军没遇到什么抵抗，很快席卷了这一大片地区。

叛军得逞的消息接二连三地传到长安，这时候，昏庸的唐玄宗才相信安禄山是真的反叛了，他匆忙调兵遣将，增募军队，部署平定叛乱。可是这临时拼凑起来的军队，仓促上阵，哪里是叛军的对手。叛军打过黄河以后，继续攻城掠地，一路势如破竹。在野蛮残暴的安禄山的放纵下，叛军每到一个地方，奸淫掳掠，残害百姓，无恶不作，给人民带来了深重的灾难，给社会造成了巨大的破坏。天宝十五年，叛军攻占了东都洛阳，直抵京城长安东边的大门——潼关。朝廷临时指派带兵抵挡叛军的高仙芝扼守潼关，死守长安的最后防线。在洛阳的安禄山攻不下潼关，陷入困境，责怪军师高尚、严庄怂恿他贸然行事，打算放弃洛阳北撤。杨国忠居心叵测地要唐军积极主动地出潼关迎敌，唐玄宗也催征出战。但是，很快就中了埋伏，大军只逃回八千人。潼关失守后，叛军很快占领了长安。接着，安禄山在洛阳自称"大燕皇帝"，建立起反动的割据政权。

唐玄宗在杨国忠建议下丢下在外的妃嫔、公主和皇孙，带着贵妃和皇子仓皇西逃，入蜀避难。出逃时，饥饿不满的将士哗变，杀死杨国忠，并要求处死杨贵妃。玄宗无奈，只得答应哗变士兵的要求，将杨贵妃缢死在佛堂。这场事变的实际策划人是太子李亨。李亨一直对父皇一日杀三子之事不满，又素与杨家人交恶，在长安时没机会动手，便在南逃途中与龙武大将军陈玄礼、宦官李辅国合谋，鼓动因饥饿而不满的将士发动哗变，趁机除掉了杨家兄妹。事变平息后，玄宗继续南行，李亨却带两千将士北上灵武即皇帝位，是为肃宗。事后才派人

唐长安城复原图

极盛渐衰的唐王朝

追报给玄宗。玄宗只好交出传国玉玺，自己退位为太上皇。玄宗又被迫把权力交给太子李亨，于是肃宗在朔方继位。唐肃宗在郭子仪、李光弼的朔方军的护卫下退到灵武后稳定下来，西北其他各镇也纷纷支援，重新组织对叛军的反击。先后进军到河北，在安禄山后方坚持抗战。

就在安禄山得意忘形之际，叛军内讧。至德二年（公元757年）正月，安禄山被其子安庆绪杀死，九月郭子仪率领唐军收复长安，十月收复洛阳，十二月唐迎太上皇回到长安。乾元元年（公元758年），唐肃宗派六十万大军攻安庆绪于邺城，次年三月，史思明杀安庆绪，自立为大燕皇帝。上元元年（公元761年），史思明又被其子史朝义所杀。连续的内讧，叛军互相残杀，使其元气大伤。宝应元年（公元762年）十月，唐军在回纥兵协助下再一次收复洛阳，次年正月史朝义自缢身亡，党羽降唐，持续了八年之久的叛乱终于平定了。大唐盛世自此一蹶不振、逐步衰落下去。

安史之乱平息后，唐王朝对叛军旧部采取妥协安抚政策，原来的节度使兵权依旧，

郭子仪像

史思明墓遗址

而且势力更大、数量更多了，形成了所谓藩镇。安史之乱中唐玄宗曾下令中原内地豪强组织军队来对抗叛军，叛乱平息后仍未撤去，发展成新的藩镇势力；加之原来代天子巡察州县的各道采访使，在安史之乱中改为观察处置使，实际成了州的上级行政长官，并且多由节度使兼任，军政大权合一，也发展成了藩镇。结果，使原来只设立于边地的节度使发展到内地，在全国形成了藩镇林立的局面。他们拥有重兵，表面上尊奉朝廷，而官职法令另搞一套，连赋税也不上交中央。为了增强其军事力量，这些节度使之职位父死子继，或由部下拥立，中央只能事后追认，不能更改。藩镇与中央之间、藩镇与藩镇之间都存在着巨大的矛盾，使唐朝后期的政局极为动荡。

八　革新的尝试与流弊的盛行

古长安城城墙及护城河

（一）永贞革新

唐代宗死后，德宗继位。他重用宦官，将自己宠信的宦官送到宫市中当使者，负责为宫廷购办日用货物。宫市使下面又有数百名小宦官，他们在集市上购买货物的时候，实际付钱很少，有时不付钱便强抢硬夺，白白将东西拿走。在东宫太子李诵的宫中有个陪伴太子读书的官员叫王叔文，他是越州山阴人，为人机智多谋，深明治国之道。特别突出的是，他还下得一手好棋，因此，唐德宗很喜欢他，命他到东宫去侍奉太子。太子李诵非常关心朝政，对国家兴亡的道理总是铭记在心。看到宦官横行霸道，朝廷腐败不堪，弄得鸡犬不宁、民不聊生，他很是忧虑。看到太子有这样的忧国忧民之情，王叔文十分高兴，他便常常在和太子读书或下棋的过程中告诉他一些新近发生的大事，同他议论民间疾苦。两人志同道合，谈得很投机。不仅如此，王叔文还常常为太子出谋划策，打消了他许多错误的想法，免去了杀身之祸。

唐顺宗丰陵一景

东宫里的一切事情，李诵都要去征求王叔文的意见，一些难作结论的事，也都依靠王叔文裁量决定。由此可见李诵对王叔文的尊重和信任。王叔文也是忠心耿耿地侍奉太子，为了太子今后的登基，他早在德宗没有退位的时候，便开始暗中帮助太子物色朝中有才能的大臣，让太子和他们密切交往。为以后的继位做好准备工作。公元805年，太子李诵终于带病继位，是为唐顺宗。早在继位的前几年，身为太子的李诵便得了中风病，舌头不听使唤，讲不出话来。王叔文是他的心腹大臣，于是在他不能临朝处理朝政的情况下，只得依靠王叔文以及东宫里的一些大臣协助他一同处理朝政。王叔文当时在朝廷

革新的尝试与流弊的盛行

柳宗元曾入朝做官

里还没有很高的威望，为了避免嫌疑，他另请了一位资格很老的大臣韦执谊做宰相，自己只当一名翰林学士，帮助顺宗起草诏书。同时他任用了柳宗元、刘禹锡等著名文人学者入朝做官，这样，王叔文组成了一个很有实力的领导集团，将朝廷大权牢牢地掌握在自己手中。对于当时腐败的社会风气，特别是宦官专行，王叔文进行了一次大的改革。受玉叔文的影响，李诵心中也有改革时弊的主张。他厌恶宦官集团的横行霸道，在他做太子的时候就对这帮无耻之徒恨之入骨，继位后更是如此。

同样，宦官集团也觉得太子李诵碍事，后来他们见到李诵卧病在床，于是在让翰林学士郑、卫次公帮助抄写德宗遗诏时，企图取消李诵的皇位继承权，另立新帝。当时，在场的众人都惧怕宦官势力，便都站在一旁不敢作声。卫次公觉得李诵毕竟是德宗生前所立太子，如果再立他人，这是对先帝的大不敬。于是他便急忙为李诵争辩说："虽然太子有病，但他是先帝长子，又很得人心，理应为先帝的合法继承人。实在不行的话，也应当立太子的长子，否则的话，势必会招致天下大乱。"

卫次公这一番入情入理的话说得宦官们

唐顺宗丰陵墓道口

顿时哑口无言，见此机会，其他的官员也
都随声附和，反对另立新帝。这样，宦官
集团企图废掉李诵的阴谋才没有得逞。东
宫集团和宦官集团既然已产生了如此严重
的利害冲突，所以李诵继位后，便立即起
用革新派。并把朝廷决策大权交给了王叔
文等人。王叔文在完成为革新所作的人事、
组织和权力系统上的一系列准备工作之
后，便着手进行改革。在改革中，王叔文
充分发挥了他坚决果断、注重效率的办事
才能。在他受命翰林学士的当天，就严厉

革新的尝试与流弊的盛行

惩办了大贵族大贪官李实。

李实是皇亲国戚，袭封道王。他是个贪得无厌、残忍无比的大坏蛋。后来他又做了京兆尹这样的官，依然不顾及法令制度，横征暴敛，干尽了坏事。有一年关中大旱，德宗还想着减去一些赋税，可李实却向德宗谎报说谷田长得很好，硬是强行征税，但王叔文铁面无私，毫不留情，拔掉了这根钉子，除去了这个祸患，撤了他京兆尹的官、将他贬为通州长史。从这件事可以看出，永贞革新一开始，便显示了雷厉风行的风格和气势。惩办贪官污吏，尤其得到百姓的拥护和称道。但改革并没有维持多久。那些很有势力的宦官见王叔文的改革没有一件对自己有利，处处和他们作对，心中很是懊恼，他们互相勾结起来一起对付王叔文和他的改革，不时地对改革进行阻挠和破坏。与此同时，改革派内部也出现了严重的分歧，这样的双重打击，致使改革只维持了不到一年时间便匆匆以失败告终。反对势力不但破坏改革，同时也暗中欲将王叔文排挤出朝廷。

宦官集团的首领是俱文珍、刘光琦等

丰陵石碑

大宦官，他们一直就阴谋控制朝廷，夺取政权，这种野心在阻止顺宗继位的阴谋失败后，就一直没有停止过。他们暗中组织力量，联络藩镇割据势力，极力拉拢广陵王李纯，想将他扶上王位，将唐顺宗取而代之。正在宦官们进行一系列准备工作的时候，唐顺宗的病情加重，仅仅能由人扶着上殿，根本就不能开口讲话。看到皇帝已经离死不远了，宦官便趁此机会，立李纯为太子。公元806年，李纯正式继位，这就是唐宪宗。从此，唐顺宗永贞年间的革新便结束了。王叔文等改革派领导者都被贬官或处死，改革派也分崩瓦解了。因

唐穆宗李恒光陵石刻武臣

为他们当中有八人在失败后被贬为外州司马，加上王叔文和王伾，所以，人们又将永贞革新称为"二王八司马革新"。永贞革新虽然失败了，但他们的改革在当时确实起到过相当重要的作用，尤其是惩办宦官以及贪官污吏，给祸国殃民的上层统治集团敲响了警钟，使他们不得不有所收敛。

（二）宦官专权

唐太宗曾定制度，宦官主持的内侍省不置三品官。玄宗开元初年宦官高力士因平韦后、太平公主之乱有功，被授为正三品的右监门卫将军知内侍省。唐玄宗时宦官开始干政，高力士不仅处理各地进奏的文表，还对宰相大臣的任免和立李亨为太子等大事，发表过有影响力的意见。不过他为人比较谨慎，总是顾着玄宗心意说话办事，并不跋扈。宦官势力的增大是从监军制度开始的。宦官监军制度在公元732年创立，监军使作为皇帝的特派员，在唐后期的重大军事行动中总是与主帅并驾齐驱，其权位甚至高于主帅。唐代宗时始置的内枢密使，也由宦官担任，掌机要，出纳王命。唐德宗又置左右神策军护军中尉，统帅禁军。宦官还掌握宣徽使、学士使、内弓箭库使、内庄宅使等使职，其衙门称北司，北司与南衙百官对立。这种权力极大的内廷和外朝宰相并存的二元体制，是引起不断的政治斗争的根源。朝廷百官办事的南衙往往成为北司附庸，皇帝的生杀废立也掌握在北司手中，自穆宗到昭宗八位皇帝，有七位是宦官所立，唯敬宗一人经历储位后正常登基，却又死于宦官之手。唐末宦官扰民亦甚，一些大宦官竟也娶妻妾收养子，世为宦官，俨然成一世家。朝廷的军将靠借债向宦官行贿获得边疆节度使的职位，被称为"债帅"。宦官通过卖官来聚敛财富，兼并土地，尽占良田为私产。宦官主持的宫市强买豪夺，扰民甚剧，百姓十分痛恨。宦官势力成为唐代后期社会上的一大毒瘤。使整个唐王朝处于一片死气沉沉之中，直至最后的覆灭。

宝历二年，当时权倾朝野的宦官王守澄杀死唐宪宗之子李悟，把李昂立为皇帝，是为文宗。当成自己的傀儡。文宗继位后，明知自己虽为皇帝，实际不过是个傀儡，是死是活全和李悟一样不由己，就萌发了铲除宦官，夺回皇权，重振山河的念头。然而，

唐代宦官俑

革新的尝试与流弊的盛行

109

唐文宗李昂章陵保护碑

当时的文武百官，都各树宗派，为扩大势力，甚至和宦官勾结。所以靠他们帮忙，根本不可能。要变革，除非去寻找那些出身贫寒却有胆有识的有志之士。然而，由于宦官的势力太大，皇帝要见寒士，还得宦官引见，寒士若要献计给皇帝，也得先巴结宦官之后才能接近皇帝。李训、郑注这两个寒士都有治理国家的才能和理想。他们和王守澄拉上关系后，就开始寻找拜见文宗的机会。大和八年，文宗病重，王守澄便把精通医术的郑注推荐到了宫里。文宗和他一接触，很为欣赏，几番谈话后，慢慢就信任了他。于是，他的好友李训自然也被推荐给了文宗。

不过，王守澄把郑注、李训推荐给文宗并非一时疏忽，他也有自己的打算。当时，左右神策军斗争很激烈，王守澄做的是右军中尉，他以为李训、郑注被他推荐上去后定会感激他而助他一臂之力，这样，左军便不是他的对手了。他万万没想到的是李训、郑注却在和文宗商量着如何除掉像他这样专权的宦官。李训、郑注的出身都不太高，那些大官僚根本就瞧不起他们，哪谈得上帮他们驱除宦官呢！唯一的办法就是抓住宦官的弱点，利用他们的内部矛盾，分而击之。他们先把王守澄的对手、左军中尉韦元素等贬逐处死，王守澄正高兴他们是在为自己着想时，他们却又把仇士良推荐做了左军中尉，仇士良看似和王守澄一派，实际上却对王守澄很有嫌怨，王守澄自己明白，但对李训、郑注的做法又无话可说。接着，李训、郑注请文宗升王守澄为左右军神策观军容使，这是个有名无实的官衔。王守澄失了实权，李训、郑注便追查起他参与谋害宪宗之事，事情一弄清楚，就名正言顺地将他赐死了。

唐文宗李昂章陵石刻武臣

王守澄死后，宦官集团头目就剩下一个仇士良了。于是李训和另一个合作大臣舒元舆做了宰相，郑注做了凤翔节度使，他们设下最后一计，准备里应外合，一举消灭仇士良。大和九年十一月二十一日，文宗在登朝时，大将军韩约遵照李训等人的吩咐，向文宗上奏说："上

革新的尝试与流弊的盛行

唐文宗李昂章陵石碑

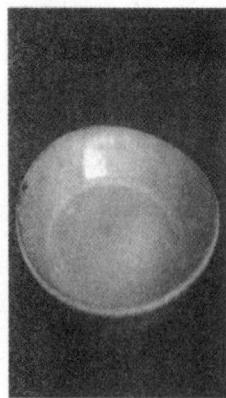
晚唐越窑秘色瓷

天把甘露降到了左金吾仗院里的树上。"于是文宗就带着满朝文武来到左金吾仗院旁的含元殿，并先派李训去看了究竟，李训带人看了半天，回奏说不敢断定是真是假，于是，文宗又派仇士良去看。其实，这一切都是李训、郑注的计策。他们事先在院里埋了伏兵，只等仇士良进院，就要他的命，谁知，韩约太缺乏胆识，仇士良刚进去，他便面色如土，汗流不止，仇士良起了疑心，一阵风又吹露了幕布后面的伏兵。仇士良等人大惊，慌忙向含元殿奔去，守门人想关门，竟然被他一声断喝给吓住了。李训见势不妙，连忙喊卫士保住皇上，不料宦官抢先一步，把文宗塞进轿子抬起就跑，李训死死拉住轿子不放，几百名卫士也和宦官展开了搏斗，关键之时，李训却被一个宦官打倒，只好眼睁睁地看着文宗被宦官抢到了宣政殿。仇士良控制住文宗后，逼他发下诏言，追杀李训等参与这次事件的官兵。结果，舒元舆等大臣被当着百官的面腰斩而死，李训化装出逃也未免其难。郑注带兵进宫配合，半路得到消息，退回凤翔，最后也被监军宦官杀死。这就是甘露之变。甘露之变后，文宗的生活一如囚徒。那收复河山、消灭割据的雄心从此化为泡影。

九 唐末农民大起义及帝国的崩溃

（一）王仙芝、黄巢起义

唐懿僖两朝皇帝的奢侈无度、无官不贪、无吏不污的腐败官场，使人民苦不堪言。翰林学士刘允章上书直言当时国有九破，民有八苦，人民群众和统治者都无法照旧生存下去了。在朝廷纸醉金迷的背后，是人民群众不堪忍受的预征、重敛和摊逃，广大农民逃户和兵卒等各个阶层的人都纷纷起来反抗。公元868年庞勋领导的桂林戍卒造反，抗议朝廷违背三年一替代的规定，时过六年仍不许派赴西南的兵士回家。庞勋率兵北还徐泗地区进行武装斗争，开仓赈济淮北水灾饥民，接连攻破十余州，队伍发展到二十万人，切断了朝廷的江淮漕运线。一年后，在唐朝调动的藩镇和沙陀兵的进攻下失败。余部后来参加了黄巢起义。农民的反抗已风起云涌，但官府仍百般欺压民众，使得各地纷纷起来反抗朝廷的残暴统治。

公元874年，王仙芝首先在长垣起兵，自称"天补均平大将军兼海内诸豪都统"，发布檄文，声讨官府的黑暗和赋役的沉重。黄巢响应淄州私盐贩王仙芝起义，变卖全

黄巢石像

部家产，带领兄弟八人，武装起两千人的队伍。在血与火的洗礼下，他不断经受磨炼，带领起义军打过很多胜仗并成为军中最有声望的人。公元877年，王仙芝牺牲，黄巢被众将一致推举为起义军首领，凭着过人的洞察力和多年的思考摸索，他果断地率十万农民军渡江南征，横扫唐王朝的经济命脉——江南八道。接着攻占广州，稍事休整后挥师北上，向长安进军。到荆门时受阻，又转战到江西。调整部署后，由采石渡长江北上。当时唐将高骈驻守扬

唐末农民大起义及帝国的崩溃

黄巢塑像

州，握兵自保，只向朝廷告急，不敢与黄巢交战，黄巢顺利渡过淮河。

广明元年（公元 880 年），黄巢占领东都洛阳，当年为民诉"八苦"的刘允章时任东都留守，带百官出降。年底义军攻克潼关，宦官田令孜带僖宗出逃到兴元，后又逃到成都。十二月五日，农民军的先头部队攻入长安，黄巢随后入城，农民军建国号为大齐，建元金统，黄巢即皇帝位于含元殿，以尚让为宰相，皮日休等为翰林学士，原唐三品以上罢官，四品以下降职留任，隐匿不降或伪降者处死。黄巢在长安开始实现他早年立下的"洗濯朝廷"的誓言，对官僚地主进行了无情镇压。一次就公开处死上百名反动的唐朝大臣。黄巢还从经济上清算官僚地主，为天下人打抱不平，一直是黄巢多年的夙愿，也是贫苦农民的强烈要求。黄巢以均平为口号，在关中掀起了一场前所未有的杀富济贫运动。起义军使用暴力勒令官户交出财货，不交者捆绑起来，狠狠抽打，官僚贵族纷纷光着脚板被扫地出门。

长安城被起义军攻占后，以凤翔节度使为首的唐朝藩镇逐渐联合起来，对付黄巢政权。长安附近的富豪密藏粮食，黄巢的主力被围困在长安附近狭小地区，处于被动防守局面。特别是由于粮食供应十分困难，将士们不得不以树皮充饥。不久，黄巢部下将领朱温叛变，加上沙陀军李克用举兵南下，袭击义军，黄巢于公元883年被迫撤出长安。黄巢率部先撤到河南，占领了蔡州。但攻打陈州不克，屯兵城下三十天，丧失了战机，遭到朱温、李克用的夹击，损失惨重。黄巢的队伍退至泰山脚下的狼虎谷，黄巢自刎，起义失败。但是，

黄巢崮遗址

唐末农民大起义及帝国的崩溃

唐王朝在风雨飘摇中延存二十余年后灭亡

唐王朝经过这一番打击之后，无可挽回地走向了灭亡。

（二）唐王朝的灭亡

黄巢起义失败后，唐朝在风雨飘摇中又延存了二十多年。在这期间，原来的藩镇问题和宦官专权问题继续存在，并且交织在一起愈演愈烈，最终葬送了唐王朝。

藩镇将帅中有在农民起义中拥兵自保、趁机扩大了自己实力的旧镇，也有在战乱中新起家的，割据的倾向更为明

大唐王朝的辉煌一去不复返

显了。其中势力最大的是背叛黄巢、投降朝廷后发展起来的宣武军节度使朱温，以及在镇压黄巢义军中发展起来的沙陀贵族河东节度使李克用。

这时，唐王朝已是名存实亡，朝廷内部的宦官势力更为猖狂，完全控制了皇帝，并与地方藩帅勾结，争权夺利。僖宗在黄巢撤退后回到长安，不久因惊吓而死。宦官杨复恭立昭宗为帝。昭宗为对付宦官，求助于朱温。朱温趁机要求朝廷发兵讨伐李克用，朝廷准其所请，革去李克用的爵位。昭宗令杨复恭致仕，杨复恭逃出京师

唐末农民大起义及帝国的崩溃

朱温胁迫唐昭宗迁都洛阳，并自改国号大梁，唐朝灭亡

试图举兵反唐，被凤翔节度使李茂贞打败。接着，宦官韩全诲掌权，与李茂贞勾结，想把昭宗劫持到凤翔，挟天子以令诸侯；朱温则与宰相崔胤合谋，想把昭宗弄到洛阳。韩全诲先下手，昭宗退驾到凤翔，朱温带兵入关，打败李茂贞；李茂贞为与朱温和解杀了韩全诲，并把昭宗交给朱温。朱温到长安后杀宦官数百人，使宦官势力遭到毁灭性的打击。清除宦官势力后，朝廷完全被朱温控制了。他留下崔胤在长安，自己又回到大梁，继续与李克用争地盘。两年后，李克用兵败，退回到晋阳。天祐六年（公元 904 年）正月，朱温杀宰相崔胤等朝官三十余人，逼唐昭宗迁都洛阳。907 年，哀帝被迫让位给朱温，朱温改国号大梁，史称后梁，唐朝灭亡。